Vorwort

Dieses Buch enthält eine Sammlung von Kurzgeschichten, die Kindern auf einfühlsame und verständliche Weise psychische Krankheiten näherbringen sollen. Es wird dabei nicht das gesamte Spektrum aller Symptome und Erkrankungen abgedeckt, da psychische Gesundheit genauso vielfältig und individuell ist wie die Menschen selbst. Stattdessen dient das Buch als ein Einstieg, um Kindern das Thema mentale Gesundheit und psychische Erkrankungen zu erklären.

Kinder nehmen oft viel mehr wahr, als wir ihnen zutrauen. Sie spüren, wenn in ihrem Umfeld etwas nicht stimmt, und ihre Fragen und Sorgen verdienen eine einfühlsame Antwort. Mit ihnen über mentale Gesundheit zu sprechen, ist ein wichtiger Schritt, um Verständnis, Mitgefühl und Offenheit zu fördern.

Ich hoffe, dass dieses Buch Ihnen und den Kindern in Ihrem Leben dabei hilft, über diese wichtigen Themen zu sprechen – mit Offenheit, Geduld und Einfühlungsvermögen.

Viel Spaß beim Lesen und Erklären!

Sarah Gerk

Dieses Buch behandelt unter anderem sensible Themen wie Depressionen und Suizidgedanken. Es ist wichtig, diese Themen mit der nötigen Vorsicht zu betrachten. Wenn Sie selbst oder jemand in Ihrem Umfeld von Depressionen, Suizidgedanken oder anderen psychischen Belastungen betroffen ist, sind Sie nicht allein. Hilfe ist verfügbar, und es ist ein Zeichen von Stärke, Unterstützung zu suchen.

Wichtige Anlaufstellen und Hilfsangebote:
Telefonseelsorge (kostenfrei, anonym, rund um die Uhr erreichbar):
📞 0800 111 0 111 oder 📞 0800 111 0 222
💻 www.telefonseelsorge.de
Nummer gegen Kummer (besonders für Kinder, Jugendliche und Eltern):
📞 116 111 (Kinder- und Jugendtelefon)
📞 0800 111 0 550 (Elterntelefon)
💻 www.nummergegenkummer.de
Deutsche Depressionshilfe:
💻 www.deutsche-depressionshilfe.de
📞 0800 33 44 533 (Beratungshotline, Mo-Fr: 9-12 Uhr)
Suizidpräventions-Hotline:
📞 0800 181 0771

Online-Angebote:
Krisenchat (Chat für junge Menschen): www.krisenchat.de
U25 Deutschland (E-Mail-Beratung von Jugendlichen für Jugendliche):
www.u25-deutschland.de

Angehörige psychisch Erkrankter (ApK):
Selbsthilfegruppen und Beratung für Angehörige.
💻 www.psychiatrie.de/apk
Familien-Selbsthilfe Psychiatrie e.V..
💻 www.familien-selbsthilfe-psychiatrie.de
Netzwerk für Kinder psychisch kranker Eltern (Kidstime-Projekte):
💻 www.kidstime.eu
KIPS Prävention – Kinder psychisch kranker Eltern stärken:
💻 www.kips-beratung.de

Ulme35 – Begleitung für Kinder psychisch kranker Eltern:
Bietet spezifische Projekte und Unterstützung für betroffene Familien.
💻 www.ulme35.de

Inhalt

Opa Pauls graue Tage

~ Depressionen ~

Ben liebt es, Zeit mit seinem Opa Paul zu
verbringen. Sie machen gerne Quatsch miteinander
und verkleiden sich.
Aber manchmal bemerkt er, dass Opa Paul ruhiger
ist und nicht so viel lacht wie sonst.

Opa Paul schaut gedankenverloren ins Leere,
während Ben draußen im Garten spielt.
"Warum schaut Opa immer so traurig aus dem
Fenster?", fragt Ben seinen Vater, als er wieder ins
Haus kommt.
"Manchmal fühlt sich Opa Paul ein bisschen
niedergeschlagen, Ben. Es ist schwer für ihn, fröhlich
zu sein", erklärt Papa.

Opa Paul sitzt beim Abendessen mit am Tisch, aber er stochert nur lustlos in seinem Essen herum. "Warum isst Opa Paul so wenig?", fragt Ben nach dem Essen.
"Manchmal haben Menschen wie Opa wenig Appetit, weil sie sich so traurig fühlen. Wir müssen dann besonders für ihn da sein", antwortet Papa.

Opa Paul liegt auf dem Sofa und zieht die Decke über den Kopf, als Ben versucht seine Aufmerksamkeit zu bekommen.
"Opa, warum liegst du den ganzen Tag auf dem Sofa?", fragt Ben besorgt.
"Manchmal fühle ich mich müde und ohne Energie, Ben. Das Sofa fühlt sich dann wie der einzige richtige Ort an", sagt Opa Paul leise.

Eines Tages begleitet Ben Opa Paul zu einem Therapeuten.
"Warum gehen wir hierher, Opa?", fragt Ben.
"Der Therapeut hilft mir, besser zu verstehen, wie ich mich fühle. Er wird mir helfen, dass ich wieder fröhlicher sein kann", sagt Opa Paul.

Praxis für Psychtherapie

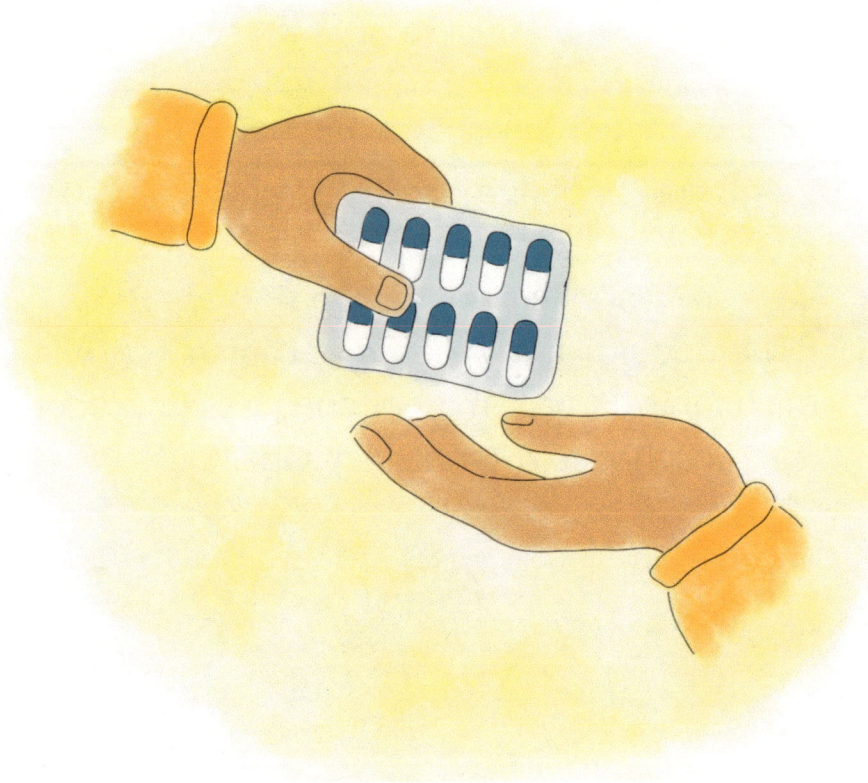

Ben bemerkt, dass Opa Paul morgens neue Tabletten nimmt. Sie sehen ein bisschen aus wie Smarties.
"Opa, was sind das für Tabletten?", fragt Ben neugierig.
Opa erklärt: "Sie helfen mir, dass meine Stimmung etwas besser ist und ich wieder lachen kann."

Mit der Zeit geht Opa Paul wieder öfter mit Ben spazieren.
"Es tut gut, draußen zu sein, Ben. Danke, dass du mich begleitest", sagt er.
Ben lächelt: "Ich bin immer für dich da, Opa."

Opa und Ben liegen im Garten und beobachten die Wolken. Sie erkennen verschiedene Tiere und Fabelwesen darin.
"Es ist friedlich hier draußen, Opa", sagt Ben.
"Ja, Ben, das tut wirklich gut", antwortet Opa.

Ben hat gelernt, dass manche Tage für Opa Paul schwieriger sind als andere. Aber er weiß auch, dass Liebe und Unterstützung helfen können, auch in den dunkleren Zeiten.
Opa Paul fühlt sich geschätzt und geliebt, und Ben ist glücklich, dass er ihm helfen kann.

Hinweise für Eltern und Pädagogen

Was ist eine Depression?
Depression ist eine ernsthafte psychische Erkrankung, die weit über gelegentliche Traurigkeit hinausgeht. Sie beeinflusst das Denken, Fühlen und Handeln einer Person und kann zu verschiedenen emotionalen und körperlichen Problemen führen.

Symptome einer Depression:
- Emotionale Symptome: Anhaltende Traurigkeit, Hoffnungslosigkeit, Gefühle von Wertlosigkeit oder Schuld, Verlust des Interesses an Aktivitäten, die früher Freude bereitet haben.
- Körperliche Symptome: Veränderungen im Schlafverhalten (Schlaflosigkeit oder übermäßiges Schlafen), Appetit- und Gewichtsveränderungen, Energiemangel, Konzentrationsschwierigkeiten, unerklärliche körperliche Beschwerden.
- Verhaltenssymptome: Rückzug von sozialen Aktivitäten, verminderte Leistungsfähigkeit in Schule oder Beruf, erhöhte Reizbarkeit oder Wut.

Hinweise:
- Früherkennung: Achten Sie auf Veränderungen im Verhalten und in den Emotionen, die länger als zwei Wochen anhalten. Ein offenes Gespräch kann helfen, zu verstehen, was die betroffene Person durchmacht.
- Professionelle Hilfe suchen: Depressionen können wirksam behandelt werden. Konsultieren Sie einen Arzt, Psychiater oder Psychologen für eine angemessene Diagnose und Therapie, die Psychotherapie und/oder Medikamente umfassen kann.
- Unterstützendes Umfeld schaffen: Seien Sie geduldig und verständnisvoll. Bieten Sie emotionale Unterstützung und ermutigen Sie Betroffene, ihre Gefühle auszudrücken. Vermeiden Sie es, die Gefühle der betroffenen Person zu minimieren oder zu kritisieren.
- Förderung gesunder Gewohnheiten: Ermutigen Sie zu regelmäßiger körperlicher Aktivität, gesunder Ernährung und ausreichend Schlaf. Diese Faktoren können die Stimmung positiv beeinflussen.

Die Wolke im Herzen

~ Suizidgedanken ~

Jona liebt seinen Papa. Er hat immer Zeit, um mit ihm
zu lachen, Geschichten zu erzählen oder draußen im
Garten zu spielen.

Doch in letzter Zeit war Papa anders.
Er lachte kaum noch, lag oft müde auf dem Sofa und sprach nu wenig.
Einmal fragte Jona: "Papa, willst du mit mir spielen?".
Papa seufzte und sagte leise: "Nicht heute Jona. Ich bin einfach zu müde."

Jona verstand das nicht. Früher war Papa nie zu müde für ihn. Er war eine Sonne in seinem Leben gewesen - warm und strahlend.
Doch jetzt war er wie eine Regenwolke: grau und leise.

Am Abend, als Mama Jona ins Bett brachte fragte Jona:
"Mama, warum ist Papa so traurig? Habe ich etwas
falsch gemacht?"
Mama setzte sich zu Jona aufs Bett und nahm ihn fest in
den Arm.

"Nein, mein Schatz. Das hat nichts mit dir zu tun. Papa hat eine Wolke, die sein Herz ganz schwer macht. So eine Wolke nennt man auch 'Depression*. Sie mach ihn müde und nimmt ihm all seine Freude."

Jona runzelte die Stirn. "Aber warum geht die Wolke nicht einfach wieder weg?"

Mama dachte kurz nach. "Manchmal bleibt so eine Wolke länger, und sie geht nicht mehr von alleine weg.

Papa hat viel in seinem Kopf, das macht ihn sehr müde. Er denkt vielleicht, dass er nicht mehr stark genug ist, um die Wolke zu vertreiben."

Jona wurde ganz still und dachte nach. Dann fragte er:
"Was passiert, wenn Papa die Wolke nicht mehr
erträgt?"
Mama schaute Jona jetzt ernst an und überlegte, wie
sie es erklären konnte.
"Manchmal, Jona, macht die Wolke jemanden so
verzweifelt, dass er denkt, die einzige Möglichkeit, die
schwere Last loszuwerden ist, gar nicht mehr da zu
sein."

Jonas Augen wurden groß. "Will Papa nicht mehr da sein?"

Mama zog ihn fest in die Arme. "Papa hat solche Gedanken manchmal, ja. Aber das sind Gedanken, die von der Wolke kommen und nicht von Papa selbst. Die Wolke flüstert ihm Dinge ein, die nicht wahr sind - dass er uns nicht helfen kann, dass er nicht gut genug ist, oder dass es für uns besser wäre ohne ihn. Aber wir wissen beide, dass das nicht stimmt."

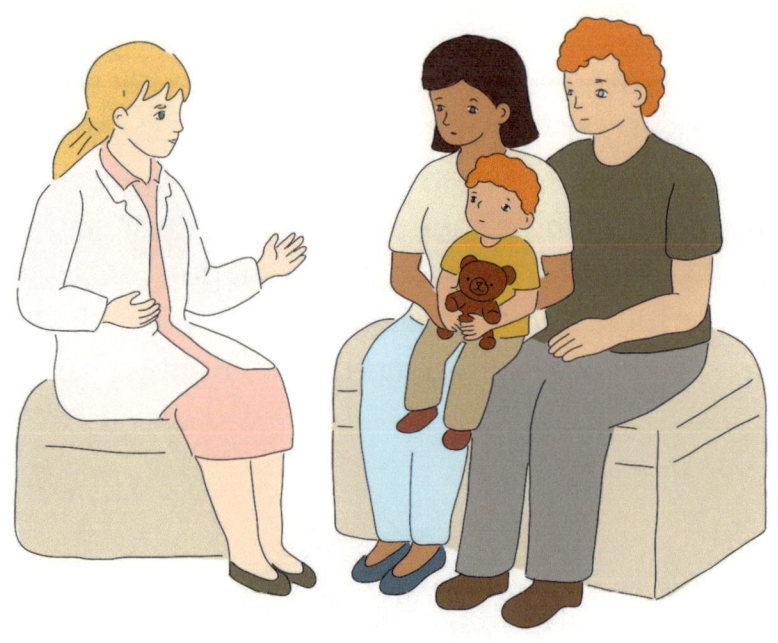

Jona nickte: "Papa ist der Beste!"
"Genau", sagte Mama sanft. "Papa hat uns, wir lieben
ihn. Aber die Wolke macht es schwer für ihn, das zu
sehen. Deshalb ist es wichtig, dass wir Papa dabei
unterstützen, diese Gedanken loszuwerden. Das schafft
er nicht ganz alleine. Er hat schon mit einem Arzt
gesprochen und wir unterstützen ihn, so gut wir
können"

"Was kann ich tun, Mama?", fragte Jona.
"Du kannst Papa zeigen, dass du ihn lieb hast, auch wenn er traurig ist. Du kannst ihm Zeit geben, wenn er Ruhe braucht und ihn immer wieder daran erinnern, dass du da bist."

Jona dachte kurz nach und fragte dann: "Aber was ist, wenn die Wolke wieder solche schlimmen Gedanken macht?"

Mama schaute Jona fest in die Augen. "Wenn Papa oder auch jemand anderes solche Gedanken hat, ist es wichtig, dass wir darüber reden. Es ist keine Schande, Hilfe zu brauchen. Menschen mit einer Wolke brauchen manchmal mehr Unterstützung. Und dafür gibt es Ärzte, Therapeuten und auch uns. Wir sind ein Team und gemeinsam sind wir stärker als die Wolke."

Jona war beruhigt, aber er wollte etwas tun. "Ich werde Papa eine Sonne malen, damit er weiß, dass die Wolke nicht für immer bleibt."
Mama lächelte. "Das ist eine wunderbare Idee, Jona. Es wir ihm zeigen, dass es immer Hoffnung gibt, auch wenn er es gerade nicht fühlen kann."

Und so begann Jona, kleine Sonnen zu malen und sie überall zu verteilen - auf Papas Kissen, neben seinem Frühstück und am Badezimmerspiegel. Nach und nach wurde die Wolke ein kleines bisschen heller, und Papa begann langsam, wieder ein Lächeln zu zeigen.

Hinweis für Pädagogen und Elternteile Depressionen und Suizidgedanken können auch in Familien mit Kindern eine große Belastung darstellen. Kinder spüren oft intuitiv, wenn etwas nicht stimmt, und machen sich möglicherweise selbst dafür verantwortlich. Es ist daher wichtig, ihnen altersgerechte Erklärungen zu geben, die gleichzeitig Sicherheit und Hoffnung vermitteln. Wichtige Punkte im Umgang mit Kindern

Offen und ehrlich kommunizieren: Kinder brauchen klare, aber einfühlsame Worte, um zu verstehen, was passiert. Sätze wie „Papa ist krank und fühlt sich gerade sehr traurig. Das hat nichts mit dir zu tun." helfen, Missverständnisse zu vermeiden. Emotionen der Kinder ernst nehmen: Kinder können Angst, Wut oder Verwirrung zeigen. Geben Sie Raum für diese Gefühle und beantworten Sie ihre Fragen so gut wie möglich. Verantwortung entlasten: Stellen Sie klar, dass das Kind weder verantwortlich für die Depression noch für die Heilung ist. Hoffnung und Unterstützung betonen: Vermitteln Sie, dass es Hilfe gibt und dass Depressionen behandelbar sind. Kinder sollten wissen, dass Therapie und Unterstützung durch Fachkräfte Teil des Heilungsprozesses sind.

Professionelle Hilfe suchen Wenn Suizidgedanken oder eine schwere Depression auftreten, ist es essenziell, frühzeitig professionelle Unterstützung in Anspruch zu nehmen.

Für Pädagogen Lehrkräfte und Erzieher können wichtige Bezugspersonen für Kinder sein, die sich mit einem erkrankten Elternteil allein fühlen. Signalisieren Sie Offenheit, indem Sie dem Kind vermitteln, dass es sich Ihnen anvertrauen kann. Schulen sollten in schwierigen Situationen auch Kontakte zu Schulsozialarbeitern oder psychologischen Fachkräften herstellen. Suizidprävention beginnt mit Gesprächen: Sprechen Sie über Depressionen und Suizidgedanken, ohne zu stigmatisieren. Offene Gespräche können Tabus brechen und dabei unterstützen, sich frühzeitig Unterstützung zu holen. Für Kinder kann es ein Trost sein zu wissen, dass man auch in dunklen Momenten nicht allein ist. Ermutigen Sie Kinder, ihre Gefühle zu teilen, und geben Sie ihnen stets das Gefühl, geliebt und sicher zu sein – auch in schwierigen Zeiten.

Papas stille Schatten

~ Posttraumatische Belastungsstörung ~

Liara liebt es mit ihrem Papa zu spielen. Häufig spielen sie Tanzparty und schaukeln gemeinsam durch den Raum.
Aber manchmal bemerkt Liara, dass Papa anders ist.

Eines abends sieht Liara, wie Papa auf der Terrasse sitzt und in die Ferne starrt.
"Mama, warum sitzt Papa so oft alleine draußen?", fragt Liara.
"Papa hat manchmal Erinnerungen, die ihn traurig oder ängstlich machen. Er braucht dann ein bisschen Ruhe", erklärt Mama.

Mitten in der Nacht wird Liara durch ein lautes Geräusch geweckt. Sie hört, wie Papa aus einem Albtraum aufschreckt.

"Mama, warum schreit Papa manchmal im Schlaf?", fragt Liara am nächsten Morgen.

"Papa hat schlimme Dinge erlebt, die ihn in seinen Träumen verfolgen. Das nennt man eine posttraumatische Belastungsstörung. Papa wird die schlimmen Dinge nicht mehr los."

Beim Einkaufen wirkt Papa angespannt und
nervös.
"Papa, warum schaust du dich die ganze Zeit
um?", fragt Liara.
"Manchmal erinnere ich mich an beängstigende
Situationen, und dann fühle ich mich nicht mehr
sicher", erklärt Papa leise.

Eines Tages findet Liara Papa in einem dunklen Zimmer. Er sitzt zusammengekauert am Boden und sieht verängstigt aus.
"Mama, warum versteckt sich Papa manchmal?", fragt Liara.
"Manche Erinnerungen sind so stark, dass sie Papa das Gefühl geben, er wäre wieder in der Situation. Er braucht dann etwas Zeit um sich wieder zu beruhigen", erklärt Mama.

Am nächsten Tag gehen Liara, Mama und Papa zu einem Therapeuten.
"Warum gehen wir hierher, Mama?", fragt Liara.
"Der Therapeut hilft Papa, mit seinen Erinnerungen und Gefühlen umzugehen. Es ist wichtig, dass wir ihn dabei unterstützen", erklärt Mama.

Der Therapeut zeigt ihnen Übungen, die Papa beim entspannen helfen. Zuhause machen sie diese Übungen gemeinsam.
"Das fühlt sich gut an", sagt Liara.
"Ja, es hilft wirklich", lächelt Papa.

Die Familie findet immer neue Wege, Papa zu unterstützen. Sie sitzen beisammen, zeichnen gemeinsam oder Unternehmen ruhige Ausflüge. "Es tut gut, gemeinsam Zeit zu verbringen", sagt Mama.

Liara hat gelernt, dass Papas Erinnerungen ihn manchmal traurig oder ängstlich machen. Aber mit der Unterstützung der Familie und der Hilfe des Therapeuten fühlt sich Papa immer besser. Liara ist froh, dass sie zusammen stark sind.

Hinweise für Eltern und Pädagogen:

Was ist PTBS?

Die Posttraumatische Belastungsstörung (PTBS) ist eine psychische Erkrankung, die nach der Erfahrung oder Beobachtung eines extrem belastenden oder traumatischen Ereignisses auftritt. Solche Ereignisse können Unfälle, Missbrauch, Naturkatastrophen, Kriegserlebnisse oder der Verlust eines nahen Angehörigen sein.

Symptome:

Wiedererleben:

- Häufige Albträume oder belastende Erinnerungen an das traumatische Ereignis.
- Flashbacks, bei denen die betroffene Person das Gefühl hat, das Ereignis erneut zu erleben.
- Starke emotionale und körperliche Reaktionen auf Erinnerungen an das Trauma.

Vermeidung und Betäubung:

- Vermeidung von Orten, Personen oder Aktivitäten, die an das Trauma erinnern.
- Gefühl der Entfremdung von anderen oder Gleichgültigkeit gegenüber wichtigen Aktivitäten.
- Schwierigkeiten, positive Emotionen zu empfinden.

Übererregung:

- Reizbarkeit oder Wutausbrüche.
- Schlafstörungen oder Konzentrationsprobleme.
- Übermäßige Wachsamkeit und Schreckhaftigkeit.

Wichtige Hinweise:

- Schaffen Sie ein unterstützendes Umfeld: Zeigen Sie Verständnis und Geduld. Geben Sie sich selbst oder der betroffenen Person das Gefühl von Sicherheit und Geborgenheit.
- Fördern Sie offene Kommunikation: Ermutigen Sie zur offenen Aussprache über Gefühle und Erlebnisse, und hören Sie aufmerksam zu, ohne zu urteilen.
- Routine beibehalten: Ein strukturierter Tagesablauf kann helfen, sich sicherer zu fühlen und den Alltag besser zu bewältigen.

Oma Mias mutige Momente

~ Angststörung ~

Max liebt die Tage, an denen er bei Oma Mia ist.
Zusammen backen sie die besten
Schokoladenkekse. Aber manchmal bemerkt
Max, dass Oma Mia zögert, wenn sie zusammen
das Haus verlassen wollen.

Oma Mia schaut besorgt aus dem Fenster, während Max seinen Fußball holt. "Opa, warum will Oma Mia nicht mit mir in den Park gehen?", fragt Max, als er seine Fußballschuhe anzieht. Opa erklärt sanft: "Oma hat manchmal Angst vor Orten, die sehr voll sind. Sie fühlt sich sicherer zuhause, Max."

Oma Mia und Max spielen ein Brettspiel. Beim Spielen klingelt das Telefon. Oma Mia zuckt zusammen und lässt Max das Gespräch annehmen. "Warum mag Oma Mia es nicht, ans Telefon zu gehen?", fragt Max seinen Opa am Abend. "Oma macht sich oft Sorgen, dass es schlechte Nachrichten sein könnten. Das macht ihr Angst", erklärt Opa.

Als Oma und Max einkaufen gehen, packt Oma viele Dinge in ihre Tasche. "Warum bringt Oma so viel mit, wenn wir nur kurz weg sind?", fragt Max neugierig. "Sie macht sich Sorgen, dass sie etwas brauchen könnte. Das gibt ihr ein Gefühl der Sicherheit", sagt Opa.

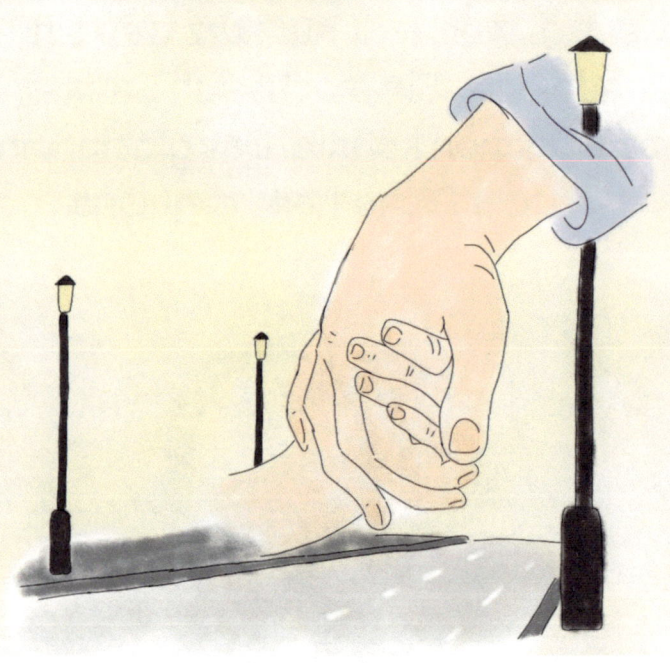

Oma Mia hält Max Hand ganz fest, als sie eine belebte Straße überqueren. "Oma, du hältst meine Hand ganz schön fest", sagt Max, als sie die Straße überqueren. "Manchmal macht mir der Verkehr Angst, Liebling. Es fühlt sich besser an, wenn ich deine Hand halte", antwortet Mia.

Als dunkle Wolken aufziehen, schaut Oma Mia besorgt zum Himmel. "Machen dir Gewitter Angst, Oma?", fragt Max, als sie nach Hause gehen.
"Ja, ein bisschen. Aber es ist gut, dass wir zusammen sind. Das macht es leichter.", sagt Oma Mia und versucht zu lächeln.

Eines Tages begleitet Max Oma zu einem
Arztbesuch. Er sitzt neben ihr und malt, während
Oma mit dem freundlichen Arzt spricht. "Warum
sprechen wir mit dem Arzt über deine Angst,
Oma?" "Der Arzt hilft mir, meine Ängste zu
verstehen und zeigt mir Wege, wie ich mich
besser fühlen kann.", erklärt Oma Mia.

Im Garten zeigt Oma Mia Max einige Atemübungen. "Diese Übungen helfen mir, ruhiger zu werden, wenn ich mich ängstlich fühle", sagt Oma Mia. Max macht mit und atmet tief ein und aus: "Ich kann sehen, wie du dich entspannst und spüre es selbst auch, Oma."

Mit der Zeit beginnt Oma Mia, öfter mit Max
nach draußen zu gehen. "Siehst du, Oma, es ist
so schön im Park!", jubelt Max. "Ja, und ich fühle
mich mutiger mit dir", sagt Oma und ihre Augen
leuchten.

Max hat gelernt, dass jeder manchmal Angst hat und dass das in Ordnung ist. Er ist stolz darauf, wie tapfer seine Oma ist.
Und Oma Mia ist dankbar für seine Geduld und Liebe.

Hinweise für Eltern und Pädagogen:
Was ist eine Angststörung? Eine Angststörung ist eine ernsthafte psychische Erkrankung, bei der Betroffene unter intensiven und überwältigenden Ängsten oder Sorgen leiden, die ihr tägliches Leben stark beeinträchtigen können. Symptome einer Angststörung:

Übermäßige Sorge: Anhaltende und übertriebene Sorgen über verschiedene Aspekte des Lebens (z.B. Gesundheit, Leistung in der Schule). Körperliche Symptome: Herzrasen, Atemnot, Schweißausbrüche, Zittern, Magen-Darm-Probleme. Vermeidungsverhalten: Ausweichen von Situationen oder Aktivitäten, die Angst auslösen könnten. Konzentrationsschwierigkeiten: Schwierigkeiten, sich zu konzentrieren oder Entscheidungen zu treffen aufgrund der Angst.

Hinweise:

Früherkennung: Achten Sie auf Anzeichen von übermäßiger Sorge oder körperlichen Symptomen, die nicht durch äußere Umstände erklärt werden können. Professionelle Hilfe suchen: Konsultieren Sie einen Arzt oder Psychologen für eine korrekte Diagnose und Behandlung. Therapien wie kognitive Verhaltenstherapie (CBT) und in einigen Fällen Medikamente können hilfreich sein. Unterstützendes Umfeld: Bieten Sie eine unterstützende und verständnisvolle Atmosphäre. Nehmen Sie die Ängste ernst und helfen Sie dabei, positive Bewältigungsstrategien zu entwickeln. Förderung der Selbstfürsorge: Ermutigen Sie zu gesunden Gewohnheiten wie regelmäßiger Bewegung, ausgewogener Ernährung und ausreichendem Schlaf, um die Stressbewältigung zu unterstützen.

Liam und die Liste der kleinen Gewohnheiten

~ Zwangsstörung ~

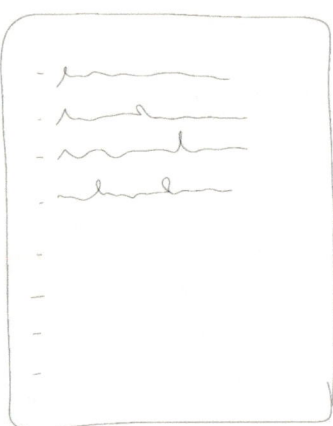

Liam liebt es, mit seiner Mama und seiner Mami zu malen und Spiele zu spielen. Aber in letzter Zeit macht Mama Dinge, die Liam nicht ganz versteht.

Heute malt Liam am Küchentisch und Mama macht neben ihm eine lange Liste auf einem großen, weißen Blatt Papier.

"Mami, warum macht Mama immer so viele Listen", fragt Liam neugierig.

"Das hilft Mama dabei, den Tag zu planen und sich sicherer zu fühlen", erklärt Mami.

Mama überprüft alle Fenster und Türen, bevor sie ins Bett gehen. "Warum überprüft Mama immer die Fenster und Türen s oft, bevor wir schlafen gehen?", fragt Liam seine Mami.

Mami legt das Buch beiseite und sagt: "Mama möchte sicherstellen, dass alles sicher ist. Sie macht es mehrmals , weil es hilft, sich ruhig zu fühlen."

Am nächsten Tag beobachtet Liam, wie Mama
ihre Hände immer wieder wäscht.
"Mami, warum wäscht Mama ihre Hände so
oft?", fragt Liam, als er sich neben sie an den
Tisch setzt.
"Mama hat manchmal das Gefühl, dass ihre
Hände nicht ganz sauber sind, auch wenn sie es
schon sind. Das Waschen hilft ihr, sich besser zu
fühlen", erklärt Mami.

Morgens ordnet Mama die Bücher im Regal neu. Sie sortiert sie nach Farben und stellt sie ganz gerade nebeneinander.
"Mami, warum ordnet Mama die Bücher immer wieder an?", Liam zeigt auf das perfekt ausgerichtete Bücherregal.
"Mama mag es, wenn alles genau richtig ist. Es beruhig sie, wenn die Bücher perfekt stehen", sagt Mami und hilft Liam, ein Buch auszuwählen.

Wenn Mama die Treppen hoch läuft, zählt sie jede Stufe.

"Mami, warum zählt Mama die Stufen, wenn wir die Treppe hochgehen?", fragt Liam, als sie ins Obergeschoss gehen.

Mami lächelt: "Das Zählen gibt Mama ein gutes Gefühl, Liam. Es ist wie ein Spiel, das sie im Kopf spielt, um sich sicher zu fühlen."

Eines Tages begleitet Tim seine Mama zu einem
Arzttermin.
"Mami, warum gehen wir zum Arzt, Mama sieht
doch gar nicht krank aus?", Liam sieht verwirrt aus,
während er im Arztzimmer mit Bauklötzen spielt.
Mami setzt sich neben Tim: "Der Arzt hilft Mama,
ihre Gedanken und Routinen besser zu verstehen
und zu verwalten, damit sie sich nicht so viele
Sorgen machen muss."

Abends macht die ganze Familie Atemübungen im Wohnzimmer.
"Mami, wie können wir Mama helfen?", fragt Liam, als sie alle tief ein- und ausatmen.
"Wir können alle zusammen Atemübungen machen, damit wir alle entspannter sind. Das hilft uns allen, und ganz besonders Mama", erklärt Mami.

Abends, wenn Mami Liam ins Bett bringt, fühlt sich alles ruhig an.
"Mami, ich glaube es geht Mama wieder besser", flüstert Tim, als er die Augen schließt.
Mami küsst ihn auf die Stirn: "Ja mein Junge, Mama arbeitet hart daran und wir sind immer für sie da."

Hinweise für Eltern und Pädagogen:

Was ist eine Zwangsstörung?
Eine Zwangsstörung ist eine psychische Erkrankung, bei der Betroffene unter wiederkehrenden, unerwünschten Gedanken (Zwangsgedanken) und/oder zwanghaften Handlungen (Zwangshandlungen) leiden, die erheblichen Stress verursachen und den Alltag beeinträchtigen.

Symptome:
- Zwangsgedanken: Wiederkehrende, aufdringliche Gedanken oder Bilder, die Angst auslösen (z.B. Angst vor Schmutz, ständiges Grübeln).
- Zwangshandlungen: Wiederholte, ritualisierte Handlungen zur Angstreduzierung (z.B. übermäßiges Händewaschen, Kontrollrituale).

Hinweise:
- Früherkennung: Achten Sie auf wiederholte und ritualisierte Verhaltensweisen sowie hartnäckige, beunruhigende Gedanken bei Betroffenen.
- Professionelle Hilfe: Suchen Sie Unterstützung bei Psychiatern oder Psychologen. Kognitive Verhaltenstherapie (CBT) und ggf. Medikamente können helfen.
- Unterstützendes Umfeld: Schaffen Sie ein stressfreies Umfeld. Seien Sie geduldig, bieten Sie emotionale Unterstützung und vermeiden Sie es, zwanghafte Verhaltensweisen zu verstärken.
- Bildung und Aufklärung: Informieren Sie sich über Zwangsstörungen, um Betroffene besser zu verstehen und zu unterstützen. Nutzen Sie verfügbare Ressourcen und teilen Sie diese Informationen mit anderen.

Samiras sonnige Stürme

~ Manische Episoden ~

Lukas hat eine große Schwester namens
Samira, die er sehr lieb hat.
Samira hat Tage, an denen sie sich fühlt,
als könnte sie Berge versetzen.
Heute ist einer dieser Tage und sie
verwandelt ihr Zimmer in einen bunten
Partyraum.

Heute backt Samira mehrere Kuchen gleichzeitig, die Küche ist ein kreatives Chaos. "Samira, warum backst du so viele Kuchen?", fragt Lukas verwundert, als er die Küche betritt. Samira lacht fröhlich: "Ich fühle mich großartig, Lukas! Ich möchte, dass jeder so viel Spaß hat wie ich!"

Lukas beobachtet, wie Samira malt. Sie benutzt so viele Farben und verschiedene Muster, dass es aussieht wie ein Regenbogen. "Mama, warum benutzt Samira so viele Farben?", fragt er. Mama erklärt: "Wenn Samira sich so fühlt, sieht sie die Welt in extra leuchtenden Farben. Sie möchte das in ihren Bildern zeigen."

Am Familientisch werden Pläne für das Wochenende gemacht. Samira spricht aufgeregt und ohne Pause über alle Dinge, die sie tun möchte. "Mama, warum spricht Samira so schnell?", fragt Lukas, der kaum zu Wort kommt. "Menschen wie Samira fühlen sich manchmal so energiegeladen, dass ihre Gedanken und Worte nur so heraussprudeln", erklärt Mama.

Lukas sieht, wie Samira ihr ganzes Taschengeld für neue Spiele und Kleidung ausgibt. "Mama, warum gibt Samira all ihr Geld auf einmal aus?", fragt Lukas besorgt. Mama antwortet: "Manchmal, wenn Samira sich so fühlt, denkt sie nicht über später nach. Sie lebt im Moment und denkt, dass alles perfekt sein wird."

Lukas wacht mitten in der Nacht auf und findet Samira wach in ihrem Zimmer. Sie ist umgeben von Büchern und Papieren und sieht überhaupt nicht müde aus.

"Samira, warum schläfst du nicht?", fragt Lukas schlaftrunken.

Samira zwinkert ihm zu: "Ich habe so viele Ideen, Lukas, ich muss sie aufschreiben, bevor sie verschwinden."

Am nächsten Tag sieht Lukas, wie Mama und Papa mit Samira sprechen.

"Mama, warum sieht Samira so traurig aus?", fragt Lukas.

Mama nimmt ihn in den Arm und sagt: "Samira hat sehr hohe Höhen, aber manchmal fühlt sie sich danach nicht so gut. Wir helfen ihr, wieder ein Gleichgewicht zu finden."

Lukas und seine Familie begleiten Samira zu einem Therapeuten.
Lukas fragt: "Warum gehen wir hierher?"
"Der Therapeut hilft Samira zu verstehen, wie sie ihre Energie nutzen kann, ohne sich selbst zu überfordern. Es ist wichtig, dass wir sie unterstützen."

Mit der Zeit lernt Samira, ihre Energie besser zu verwalten. Ihre Höhen sind nicht mehr so hoch und die Tiefen werden weniger. Lukas genießt die ruhigeren glücklichen Momente mit ihr. "Ich mag es, wenn wir so spielen", sagt Lukas. Samira lächelt: "Ich auch, Lukas. Danke dass du für mich da bist."

Lukas hat gelernt, dass jeder seine eigenen Herausforderungen hat. Aber zusammen als Familie können sie alles meistern. Samira fühlt sich sicher und geliebt, und Lukas ist stolz, ihr Bruder zu sein.

Hinweise für Eltern und Pädagogen:
Was ist eine Manie? Manie ist eine Phase innerhalb der bipolaren Störung, die durch eine abnorm gesteigerte Stimmung, Energie und Aktivität gekennzeichnet ist. Sie kann zu riskantem Verhalten führen und beeinträchtigt das normale Funktionsniveau der betroffenen Person. Symptome einer Manie:

Gesteigerte Stimmung: Übermäßige Freude, Euphorie oder übertriebenes Selbstvertrauen. Energiesteigerung: Erhöhter Antrieb und Aktivität, gesteigerte Redegewandtheit. Vermindertes Schlafbedürfnis: Weniger Schlaf benötigen, ohne sich müde zu fühlen. Reizbarkeit: Leicht gereizt oder aggressiv reagieren. Gedankenflucht: Schneller und unkontrollierter Gedankenfluss, Schwierigkeiten, sich auf eine Sache zu konzentrieren. Risikoverhalten: Impulsive Entscheidungen treffen, übermäßiges Geld ausgeben, riskante Unternehmen eingehen.

Hinweise:

Früherkennung: Achten Sie auf plötzliche Veränderungen im Verhalten und in der Stimmung, die ungewöhnlich intensiv sind und über einen längeren Zeitraum anhalten. Professionelle Hilfe suchen: Eine frühzeitige Diagnose durch einen Psychiater ist wichtig. Die Behandlung umfasst oft Medikamente und Psychotherapie, um die Symptome zu kontrollieren und die Stimmung zu stabilisieren. Unterstützendes Umfeld: Bieten Sie eine strukturierte Umgebung und klare Erwartungen. Seien Sie geduldig und unterstützen Sie die betroffene Person dabei, gesunde Bewältigungsstrategien zu entwickeln. Notfallplanung: Bereiten Sie sich auf Krisensituationen vor und wissen Sie, wie Sie reagieren, wenn die Symptome der Manie eskalieren oder ein Sicherheitsrisiko darstellen.

Mamas magische Welt

~ Schizophrenie ~

Lena ist ein fröhliches Mädchen mit einer großen Fantasie.
Sie mag es sich zu verkleiden und mit ihrer Mutter zu spielen.
Doch in letzter Zeit hat sie bemerkt, dass ihre Mama sich anders verhält.

Mama erzählt Lena Geschichten von magischen Welten, die sie nie zuvor erwähnt hat.
Eines Tages fragt Lena ihren Papa: "Papa, warum erzählt Mama mir Fantasiegeschichten und hört nicht mehr damit auf?"
Papa lächelt sanft und sagt: "Weißt du, Lena, Mama hat eine sehr lebhafte Fantasie. Manchmal fühlt sie sich so stark in ihre Geschichten hinein, dass sie vergisst, eine Pause zu machen."

Mama beginnt immer wieder lustige Gesichter zu machen und mit dem Wind zu spielen.
"Papa, warum macht Mama manchmal so komische Gesichter?", fragt Lena neugierig.
Papa antwortet: "Mama fühlt ihre Gefühle sehr tief, Lena. Ihre Gesichter zeigen uns, wie farbenfroh ihre Gefühle sind. Manchmal sind sie so stark, dass sie nach außen kommen, ohne dass sie es merkt."

Manchmal merkt Lena, wie Mama sie ganz komisch anschaut.
"Papa, warum schaut Mama mich so komisch an?", Lena sieht ein wenig besorgt aus.
"Mama sieht die Welt manchmal anders, mein Schatz", erklärt Papa geduldig, "Es ist, als ob sie durch ein Kaleidoskop schaut, das alles bunt und anders macht."

Eines Tages beklebt Mama alle Fenster im
Haus mit einer bunten Folie.
"Papa, warum verriegelt Mama die Fenster mit
Folie?", fragt Lena, während sie hilft, die Folie
glatt zu streichen.
"Mama möchte uns sicher fühlen lassen, Lena.
Sie denkt, dass die bunten Folien uns vor allem
schützen, was sie draußen sieht", sagt Papa.

Mama schaut ärgerlich aus dem Fenster auf den Nachbarn. Er winkt freundlich, doch Mama starrt nur böse.

"Papa, warum ist Mama sauer auf die Nachbarn?", Lena klingt verwirrt.

"Mama hört und sieht Dinge, die uns nicht immer klar sind," erklärt Papa, "Sie denkt manchmal, dass die Nachbarn nicht freundlich sind, auch wenn das nicht stimmt."

Irgendwann sitzt Mama nur auf dem Sofa und schaut aus dem Fenster. Sie geht nicht mehr hinaus.

"Papa, warum geht Mama nicht mehr aus der Wohnung?", Lena sieht traurig ihre Gummistiefel an.

"Mama fühlt sich zu Hause am sichersten, Lena. Manchmal macht ihr die Welt da draußen Angst und sie bleibt lieber in ihrer eigenen, magischen Welt", erklärt Papa.

Lena und Papa malen Bilder, die sie später im Krankenhaus Mama zeigen wollen.
"Papa, warum kann ich Mama momentan nur am Wochenende sehen?", Lena sieht traurig die gemalten Bilder an.
"Mama ist in einem Krankenhaus, wo ihr geholfen wird, sich besser zu fühlen. Sie lernt dort, mit ihren Gefühlen und ihrer Fantasie umzugehen", erklärt Papa liebevoll. "Mama wird bald wieder zu Hause sein, und bis dahin besuchen wir sie so oft wir können."

Mama ist zurück aus dem Krankenhaus. Die ganze Familie sitzt im Garten und lauscht einer neuen Geschichte von Mama - dieses Mal mit einem Lächeln.

Lena versteht jetzt besser, dass jeder Mensch seine eigene Art hat, die Welt zu sehen.
Und obwohl Mamas Welt manchmal besonders ist, ist sie immer voller Liebe.

Hinweise für Eltern oder Pädagogen:

Was ist Schizophrenie?

Schizophrenie ist eine chronische und schwere mentale Erkrankung, die durch eine Vielzahl von Symptomen gekennzeichnet ist, darunter:

- Halluzinationen: Betroffene können Dinge hören, sehen oder fühlen, die in Wirklichkeit nicht existieren. Zum Beispiel könnten sie Stimmen hören, die andere nicht hören.
- Wahnvorstellungen: Dies sind falsche Überzeugungen, die trotz gegenteiliger Beweise festgehalten werden. Zum Beispiel könnte jemand glauben, dass er oder sie verfolgt wird oder besondere Kräfte hat.
- Desorganisiertes Denken und Sprechen: Die Gedanken können sprunghaft und unzusammenhängend sein, was das Kommunizieren erschwert.
- Ungewöhnliche Verhaltensweisen: Dies kann extrem unruhiges Verhalten oder einen völligen Rückzug von sozialen Aktivitäten beinhalten.

Wichtige Hinweise:

- Früherkennung und Behandlung: Frühe Anzeichen von Schizophrenie können in der späten Teenagerzeit oder im frühen Erwachsenenalter auftreten. Eine frühzeitige Diagnose und Behandlung können den Verlauf der Krankheit positiv beeinflussen.
- Medizinische Unterstützung: Schizophrenie erfordert in der Regel eine Kombination aus medikamentöser Behandlung und Psychotherapie. Regelmäßige Arztbesuche und die Einhaltung der Behandlung sind entscheidend.
- Umfeld und Unterstützung: Ein unterstützendes und verständnisvolles Umfeld kann erheblich zur Stabilisierung beitragen. Geduld und Mitgefühl sind wichtig.

Krankenhaus der unsichtbaren Krankheiten

~ Psychiatrie ~

Herzlich willkommen im Krankenhaus der unsichtbaren Krankheiten!
Hier wird Menschen geholfen, die sich nicht wohlfühlen und krank sind, obwohl man es von außen gar nicht sieht.

Mit einer unsichtbaren Krankheit ist man krank, man sieht es nur nicht sofort. Es ist nicht wie ein gebrochenes Bein, das einen Gips braucht.
Eine unsichtbare Krankheit macht den Menschen in seinem Inneren krank. Die Krankheit befällt die Gefühle und Gedanken der Betroffenen.
Die Menschen können sich traurig, ängstlich, wütend oder gestresst fühlen, und selbst nicht genau wissen warum. Die Gefühle geraten einfach durcheinander, und die Person weiß nicht mehr was sie machen soll.

Menschen mit einer unsichtbaren Krankheit sehen und erleben die Welt manchmal etwas anders.

Manche Menschen fühlen sich von einer dunklen Wolke verfolgt, die niemals weg geht. Sie sind immer traurig.

Andere fühlen sich super groß und stark, sodass sie keine Gefahren mehr sehen und nicht mehr vorsichtig sind. Sie begeben sich in gefährliche Situationen und merken es nicht.

Andere fühlen sich von Monstern verfolgt. Sie sehen und hören Monster, obwohl gar keine da sind. Das macht ihnen häufig Angst und sie bleiben nur noch zuhause oder werden wütend.

Im Krankenhaus der unsichtbaren Krankheiten gibt es viele Personen mit verschiedenen Berufen, die helfen wollen.

Der Arzt oder die Ärztin hört zu und stellt viele Fragen, um herauszufinden, wie geholfen werden kann. Es wird überlegt, ob es Medikamente oder andere Angebote gibt, die dabei helfen, wieder gesund zu werden.

Der Psychologe oder die Psychologin spricht mit den Patienten im Krankenhaus über die Gedanken und Gefühle. Es wird dabei geholfen zu verstehen, woher die Gefühle und Gedanken kommen und wie damit umgegangen werden kann.

Die Pflegekräfte sind immer da, um die Menschen zu unterstützen. Sie kümmern sich um jeden, zum Beispiel wenn jemand traurig ist oder manches nicht alleine schafft.
Sie sorgen dafür, dass sich jeder wohl fühlt.

Es gibt auch Therapeuten, die verschiedene Aktivitäten anbieten. Durch Entspannung, Musik oder Ergotherapie wird gelernt, Gefühle besser auszudrücken und zu verarbeiten.

Im Krankenhaus können sich Menschen treffen, die ähnliche Probleme haben. Es wird sich gegenseitig unterstützt und man merkt, dass man nicht alleine ist. Der Austausch über die Erkrankung und die Erfahrungen kann helfen, besser damit umzugehen.

Es gibt Krankenhäuser für unsichtbare Krankheiten für Erwachsene, aber auch Kinder können solche Krankheiten haben.
Egal ob für Erwachsene oder Kinder, hier gibt es viele Menschen, die sich um Menschen mit Krankheiten kümmern.
Gemeinsam wird ein Weg gefunden, damit es den Menschen wieder besser geht.
Egal ob du oder deine Freunde oder Familie in einem Krankenhaus der unsichtbaren Krankheiten ist - hab keine Angst, hier ist man in guten Händen.

Wenn du dich nicht wohlfühlst, ist es wichtig, mit jemandem darüber zu sprechen. Freunde, Familie oder der Arzt können dabei helfen, die Unterstützung zu bekommen, die du brauchst.

© 2024 Sarah Gerk
Verlag: BoD · Books on Demand GmbH, In de Tarpen 42,
22848 Norderstedt, bod@bod.de
Druck: Libri Plureos GmbH, Friedensallee 273,
22763 Hamburg
ISBN: 978-3-7583-5068-9